E. DE VILLEDIEU

LA FRANCE

L'INVASION MAÇONNIQUE

ET

LE CULTE DU DIEU ÉTAT

PARIS

LIBRAIRIE DES BIBLIOPHILES

Rue de Lille, 7

M DCCC XCI

LA FRANCE

L'INVASION MAÇONNIQUE

ET

LE CULTE DU DIEU ÉTAT

E. DE VILLEDIEU

LA FRANCE

L'INVASION MAÇONNIQUE

ET

LE CULTE DU DIEU ÉTAT

PARIS

LIBRAIRIE DES BIBLIOPHILES

Rue de Lille, 7

M DCCC XCI

A MON ÉMINENT AMI D. ANTONIO FLORÈS

PRÉSIDENT DE LA RÉPUBLIQUE DE L'ÉQUATEUR

APPELÉ A CONTINUER L'ŒUVRE RÉNOVATRICE DE SON SUBLIME DEVANCIER

GARCIA MORENO

A SON ÉMINENCE LE CARDINAL LAVIGERIE

ARCHEVÊQUE D'ALGER ET DE TUNIS, ÉVANGÉLISATEUR DE L'AFRIQUE

A MON VAILLANT AMI LE BARON A. DE SARACHAGA

GÉNÉREUX PIONNIER DU MONDE NOUVEAU

AUX DÉFENSEURS DE LA JUSTICE

DE LA CHRÉTIENNE ET VRAIE LIBERTÉ

HOMMAGE ET VIFS SOUHAITS, EN VUE DE LA RÉNOVATION

Château de B.., le 28 décembre 1890,

FÊTE DES SAINTS INNOCENTS

VICTIMES D'UN DESPOTISME JUIF, EXÉCRABLE ET VIL COMME SON DESCENDANT DIRECT

LE DESPOTISME MAÇONNIQUE

I

LA RÉPUBLIQUE

ET

LES DÉCLARATIONS ÉPISCOPALES A SON SUJET

Un désaccord s'est élevé dans le journalisme sur le point de savoir si le cardinal Lavigerie, dans sa vaillante déclaration aux officiers de l'escadre française, avait conseillé à notre pays l'acceptation de la République actuelle avec des réserves ou sans conditions.

Il n'y a, en aucune manière, lieu de se poser cette question. Elle dénote simplement, — ce qui chez nous est le cas le moins rare, — que l'on se fait une fausse idée de la conduite politique à tenir au temps où nous sommes.

Ainsi que l'a dit en d'autres termes l'archevêque d'Alger, — que nous félicitons hautement de sa patriotique clairvoyance, — l'ensemble des faits contemporains montre à ceux qui savent se placer au-dessus de l'esprit de parti, — et le nombre en augmente chaque jour, — que la France doit adopter sincèrement la forme républicaine; et le cardinal Lavigerie n'a visé que cela dans son Allocution, comme l'indiquent nettement sa Lettre à son clergé et la note qu'il a fait adresser à la Presse à cet égard[1].

---

1. Notes, 1.

L'ensemble des mêmes faits prouve aussi qu'il faut ici adopter et mettre en pratique la forme républicaine, contrairement à la plupart des vues, des tendances, des actes du PARTI RÉPUBLICAIN, en ce moment au Pouvoir, faisant de la République un milieu pour ses passions et ses idées sectaires, au lieu de la comprendre et de l'appliquer comme un élément national, absolument normal et rationnel.

Il n'y a point à se demander s'il ne conviendrait pas ici de *transiger* avec « le parti républicain », qui ne se prête pas et ne se prêtera jamais à des transactions de ce genre, qu'il regarde comme un pur détriment pour ses calculs et ses aversions. Il n'y a point à se dire si l'on ne devrait pas faire avec lui, par raison et dans l'intérêt public, de la politique de *conciliation,* et moins encore de *réconciliation.*

Au point de vue chrétien comme au point de vue de la justice et de la vérité politique, ou à celui même plus inférieur de l'utilité bien comprise, une question semblable est sans valeur; à parler franchement, elle est inepte.

Il n'y a pas davantage à se demander si l'on ne doit point se résigner à *subir* la forme républicaine; car c'est se poser ainsi en dehors d'une politique actuellement pratique, féconde en sérieux résultats.

Cela n'indique que de l'hésitation et du savoir-faire équivoque, avec la pensée d'un abandon prochain de cette éphémère détermination. Or, c'est précisément, — comme nous l'avons dit et redit depuis bien des années, — cette hésitation et cette « habile » adhésion même, avec une arrière-pensée, qui, persistant chez nos « conservateurs » depuis 1871, ont fait leur succès sans force et sans durée, puis leur évincement et leur complète impuissance politique.

Ce que l'on doit se dire, et se dire résolument, c'est ceci : Il faut accepter la forme républicaine, et, plus que cela, il faut la revendiquer comme étant la chose de tous, et d'abord celle du bon sens, contre l'invasion des idées sectaires, contre l'assaut des forces Maçonniques et contre celui des déloyautés.

C'est ce que nous avons demandé, jusqu'ici en vain, dans bien des pages, depuis *Rome et les deux Démocraties, la Pologne chrétienne et nouvelle, la Politique rénovatrice, la Liberté républicaine, la Commune de Paris, la République et l'Œuvre constituante, le Parti national* (de 1872), jusqu'à ce que nous avons écrit sur *le Césarisme jacobin, les Droits de l'Église et le Droit national, l'Orgie et l'Avenir*, et *la Croisade moderne*.

C'est ce qu'a fait Garcia Moreno à l'Équateur, où, quand nous l'avons entrevu à peine à Paris, la République était, comme celle de *la Lanterne,* du *Mot d'ordre* et du *Radical,* la propriété, la curée des rapacités sans honneur, sans âme, la proie du vertige politique et du dévergondage malfaiteur.

Garcia Moreno ne s'est pas demandé un seul instant s'il fallait, dans l'intérêt de la Foi comme de son pays, *se résigner* à la République, ou si, dans le même intérêt supérieur, on devait *transiger* avec une « république » d'immonde arbitraire, *se concilier* avec les francs-maçons.

Il s'est dit qu'il fallait voir, dans son temps et dans son pays, — et probablement aussi bientôt dans tous les pays modernes, — la République comme le seul édifice politique aujourd'hui résistant et durable, et que, de la gérance ou de la direction de cet édifice social, il fallait chasser légalement et progressivement, avec toutes les insanités et les aberrations gouvernementales, les politiciens vils, les indignes triomphateurs, les fous, les corrupteurs et les bandits.

Il s'est dit cela, et il l'a fait. Et c'est ainsi que, plus que nul homme d'État de notre époque, il est arrivé dans un temps très court, lui, républicain de foi, d'équité et d'honneur, à des résultats justes et puissants, prélude grandiose d'une Ère de Rénovation.

Et c'est en suivant la marche opposée que nos hommes d'État « conservateurs », qui certes pouvaient mieux, n'ont conservé ni les dynasties, cela va sans dire, ni le prestige de ce qui a été leur rêve, ni la prépondérance conservatrice, et ne sont arrivés ici qu'à ouvrir la voie toute large à la politique dissolvante du scepticisme, de la décomposition Jacobine et de l'impiété.

Et cette œuvre « inutile », infructueuse, « de beaucoup de conservateurs et de beaucoup de catholiques », c'est celle que Mgr Isoard vient de signaler à son tour avec regret, lorsque, sous l'impression profonde d'une noble et chrétienne fierté qui devrait trouver beaucoup d'imitateurs, il a lancé ces mots si vrais à ceux qui, avec la forme républicaine, traitent la France en pays conquis : « Nous n'irons pas à vous, parce que vous êtes injustes! Vous n'êtes point la République! vous n'êtes point la France [1] ! »

Bien des jours, bien des labeurs ont, à plus d'un égard, été perdus sous le mirage trompeur des partis. De fermes pensées, de généreux efforts ont été découragés, brisés, par les avidités rampantes, par la tactique des « habiletés », immolant les fortes énergies, les vaillantes ardeurs, à l'ingrate ambition de leurs coteries. Bien des forces puissantes, qui pouvaient être réunies en gerbe pour préparer la Rénovation, ont été dispersées au loin.

Des moments, précieux à cet égard, n'ont point été mis à profit, — loin de là, — par aucun de nos hommes politiques, pour unir, autrement que dans des désirs illusoires et par des procédés trompeurs, les éléments moraux, religieux, les forces vraiment conservatrices de la France, pour les organiser, les associer vaillamment, sous l'appel des convictions profondes et de l'entraînant prosélytisme, dans ce qui est, au point de

---

1. Notes, 2.

vue social, plus urgent que tout : L'UNION CATHOLIQUE ET RÉNOVATRICE.

Et pourtant, dans ce qui surgit des lâchetés ou des folles audaces, des pusillanimités ou des crimes, des fautes ou des délires politiques de ces jours troublés, il y a, chez nous, un double fait, éclatant, étrange, providentiel.

Il y a le progrès de la vie croyante, de l'action catholique, amené, à beaucoup d'égards, — indirectement, mais activement, — par ses plus acharnés adversaires.

Il y a le progrès vers la République chrétienne, opéré ici, et pour beaucoup, — comme à l'Équateur, — très involontairement et constamment, à la fois par le vertige du faux républicanisme athée et par les vains tâtonnements, les méprises sans nombre des illusions « conservatrices ».

Et ce double fait, nous n'en doutons point, les deux éminents défenseurs d'une politique de justice intelligente, l'archevêque d'Alger et l'évêque d'Annecy, l'ont vu dans sa gravité saisissante et dans son aspect, qui console un peu des erreurs, des hontes malfaisantes, de toutes les ignominies de ce temps.

Aussi, nous aimons à remercier publiquement ici ces généreux prélats d'une initiative qui, tout à fait conforme, paraît-il, à la pensée pleine de sagesse du Souverain-Pontife, leur fait, à nos yeux, le plus grand honneur, et qui, inspirée, comme elle l'a été, par la pensée de Dieu et par l'amour de l'équité sociale, ne peut que servir les vrais intérêts de la France et ceux de la Rénovation. Nous les en remercions, pour cette Cause, grandeur du prochain avenir, pour ces nobles idées croyantes et rénovatrices, au triomphe desquelles nous avons voué, depuis si longtemps, nos labeurs, nos ardents espoirs, notre vie !

II

INFAMIES DU DESPOTISME MAÇONNIQUE

Le jacobin Brisson, un des forbans de LA LÉGALITÉ dans une « République » sectaire, un des adorateurs du dieu État, a aperçu une insuffisance, un oubli, dans les tributs imposés pour son idole.

Il est dur, le citoyen Brisson. Il est sans merci pour les tributaires. Il a pitié du dieu État.

Pour ses héritiers à lui, un tribut bienveillant, autrement dit un droit successoral de mutation, prélevant le 11,25 p. 100 sur la valeur de l'héritage, est assez fort peut-être; il l'est même probablement trop. Pour d'*autres*, il est très loin de l'être assez. Ces *autres*, croyons-nous, sont des citoyens. Mais ils pourraient bien être des parias.

Tout franc-maçon qu'il est, — et il s'en fait gloire, — il est presque justicier, le jacobin Brisson. Il veut la *loi!* Il fouille, il scrute attentivement dans la collection, déjà longue, des décrets que le Complot maçonnique a soufflés et que « libéraux » ou césariens, ou même tous les deux ensemble, les deux ne faisant qu'un, ont rigoureusement portés au nom du dieu État. Il a fort bien entendu, lui Brisson, le mot d'ordre du Maçonnisme Juif : « Sus à *ceux-là!* Le catholicisme est l'ennemi. Sus à ce qui n'est pas pour les janissaires de la société *laïque,* la seule que nous admettions! Sus aux Congrégations cléricales, d'abord et avant tout! Au nom de l'Égalité, détroussons-les! Au nom de la Liberté, tuons-les! »

C'est clair, cela. C'est bien compris.

Il est sagace et il est ferme, le jacobin Brisson. Il va donc sur ce point, — sans plus tarder, dans ce mois de frimaire, —

réclamer et comme exiger quelque chose. S'il exécute la consigne, derrière lui les Juifs au guet, les apostats de toute couleur, de tout nom, vont lui crier : Bravo !

Il part donc, hardi, sûr de son fait : il connaît son milieu. Que propose-t-il ?

Simplement l'exécution rapide d'une petite *loi d'exception*. Horreur ! elle semble dormir. Étrangeté criante : on dirait qu'on ne la comprend pas, ou qu'on hésite à l'appliquer. C'est un acte, il est vrai, de justice entièrement maçonnique, de fiscalité plus que sauvage, si on lui fait dire ce qu'il contient, ce que plusieurs n'y ont point vu. Il est alors absolument indigne de tout peuple civilisé. Il peut se montrer, — spectre blême au rictus menaçant, — dans un pays où tous les naturels sont francs-maçons, sont de plus jacobins. Mais la France encore n'en est pas là.

Si cet acte *légal* n'est pas compris, il importe aux Brisson qu'il le soit. Si on lui permet de dormir, il faut promptement le mettre en éveil. L'Égalité le veut. Et l'Égalité avant tout ! Avant tout aussi, la Liberté !

Et Brisson part, livide, funèbre. Voici l' « équité » qu'il vient proposer. C'est clair, cela aussi, puisque la loi débonnaire ne l'est pas. Cela brille comme la lame du couperet de 93.

Pour à peu près tous, y compris lui Brisson, les frères de l' « ordre laïque » et d'autres aussi, le droit successoral va rester complètement ce qu'il est. Il n'est pas tendre, mais il est bon, surtout lorsqu'il s'agit de défrayer, de solder, sinon d'assouvir, l'avidité radicale et la rapacité jacobine, l'une et l'autre amies aujourd'hui du dieu État.

Pour les Congrégations catholiques, que ce dieu, bien gardé, n'a à favoriser d'aucune manière, le nouveau droit successoral de mutation, *le droit d'accroissement,* — admirons les termes nouveaux des jours de liberté, — va s'élever, *selon le cas, vingt, cent, même cent quatre-vingts fois plus* qu'il n'est pour le commun des citoyens.

Le droit montera et descendra avec les uns ou avec les autres, rappelant le jeu de la guillotine. Mais la *légalité* Maçonnique sera toujours intègre, toujours rigidement respectée, avec ce droit; et ceux qui le feront ainsi ou monter ou descendre, dans cette *mise hors la loi* même, le feront toujours au nom de la Loi.

Pour ce « droit », judicieusement placé sous le bon plaisir Jacobin et sous l'autorité du dieu État, dans divers cas qui se présenteront, ce surplus de vingt, de cent, de cent quatre-vingts fois le droit commun, ne suffira probablement pas. Le dieu État et ses satellites, intelligents et jacobins, pourront le faire monter plus haut. Ils pourront élever ce droit *légal*, appuyé de la force armée, — toujours, bien entendu, pour les Congrégations catholiques, — à *deux mille deux cent cinquante pour cent*, c'est-à-dire à *vingt-deux fois et demie la valeur du capital* soumis à cette pression maçonnique, pouvant se féliciter, si bon lui semble, d'être dans un pays de liberté[1].

Ce sera, pour ces Congrégations-là, comme si l'État, sur une propriété de 10,000 francs, faisait prélever par les agents du fisc un impôt de 2,250,000 francs.

Et, de plus, il y aura l'*arriéré*, le montant des droits restés dus depuis que la terrible « loi » sommeille, de ce sommeil qui indigne Brisson.

Alors ce sera tout. C'est monstrueux; mais c'est l'idéal maçonnique parfaitement atteint. Jules Ferry lui-même, l'acharné, l'impudent « laïcisateur », ne peut demander mieux. On s'en tiendra là. Et si les tributaires réclament, s'ils osent refuser, ils verront!

---

1. Notes, 3.

Ainsi, que vient faire Brisson, lui le promoteur de ces « lois » qui dormaient, et qui veut mettre fin à leur sommeil ? Il vient, avec ses assesseurs, — sans sourciller, car il est jacobin, — demander à un Parlement trois violations flagrantes de notre Droit constitutionnel. Et ces violations, les voici :

1° Dans les Congrégations catholiques, comme dans toute Association de ce genre, il n'y a point individuellement de propriété privée. Les membres de ces corps n'ont, sur les biens de la Communauté, *aucun droit réel* et personnel. Dès lors, à la mort de chacun d'eux, il n'y a là point de mutation par décès.

Or « le droit d'accroissement » est précisément un impôt sur cette prétendue mutation par décès. Brisson et ses amis sectaires, légiférant ou administrant, prétendent donc qu'une loi, chez nous, vienne imposer *un acte purement fictif,* un fait qui n'existe pas.

Première violation de notre Droit constitutionnel.

2° D'après les lois de 1880 et de 1884, qui ont, en droit fiscal, ouvert cette *voie nouvelle,* le Pouvoir, aux termes de déclarations formellement exprimées, n'a voulu soumettre au droit d'accroissement que *dans le cas d'accroissement opéré, réalisé.*

D'après le citoyen Brisson et ses auxiliaires, — du Parlement ou d'ailleurs, mais toujours du monde maçonnique, — ce droit doit être prélevé *dans toutes les suppositions possibles d'accroissement fictif.* Monstruosité légale, à laquelle se joint immédiatement celle-ci : c'est qu'avec ce droit d'accroissement tel que veut le voir fonctionner le Maçonnisme jacobin, l'impôt ordinaire, — nous venons de le dire, après les hommes les plus compétents à cet égard, — se trouve accru, d'une manière inique, 20, 100, 180 fois et plus, au-dessus du droit semblable incombant à tout citoyen.

C'est dire que Brisson et ses aides entendent que non seulement la loi française s'appuie, pour ce fait, sur l'injustice manifeste, mais que, dans ce fait même, elle multiplie l'iniquité par 20, par 100, par 180 et plus, selon la Congrégation et selon le cas.

Deuxième violation de notre Droit constitutionnel.

3° Les Congrégations catholiques *autorisées,* — par suite de cette *autorisation,* qui a fait d'elles légalement, et qui *seule* a pu faire d'elles, d'après nos légistes césariens, *une personne morale* incontestée, — payent déjà au fisc *le droit de mainmorte,* pour remplacer, — toujours d'après les juristes césariens et révolutionnaires, — le droit successoral de mutation.

On ne peut donc, sans outrager la Loi française primordiale, *imposer deux fois* ces Congrégations *pour le même acte,* réel ou prétendu tel. Et cependant on le fait ici. Le jacobin Brisson et ses appuis ont exigé que cela soit.

Troisième violation hideuse de notre Droit constitutionnel!

C'est ce qui s'est ourdi, c'est ce qui s'est fait. Quel parti-pris lâche, éhonté, de la part des coryphées de ce théâtre et de ceux qui les ont applaudis! Dans une Assemblée politique, dans une majorité du maçonnisme « républicain », à une sorte d'injonction pour voir violer audacieusement les lois d'un pays libre, 332 voix qui répondent : C'est entendu; nous l'acceptons; nous en répondons devant le pays!

C'est dans cette scène inqualifiable, — que l'histoire marquera, avec ces acteurs, d'un trait d'ignominie, — que l'on a pu voir le citoyen Brisson crier aux hésitants de son bord : « Vous n'êtes pas des docteurs en droit! Vous êtes des hommes politiques! » pour qu'ils sussent traduire : « Pour nous, la politique se passe de droit et d'équité. » C'est là qu'à ces quelques-uns d'un républicanisme non sectaire qui osaient parler de « conciliation », d' « apaisement », on l'a vu sèchement leur dire : « Vous n'avez qu'*un faux libéralisme!* » ce qui n'avait qu'un sens : Vous êtes de faux persécuteurs. Nous les voulons *résolus* et *vrais!*

Dans le cours des annales d'un peuple, rien à ce degré ne s'était vu, en fait de droit fiscal. Et c'est le Maçonnisme « républicain » qui l'a montré. Pour ce cynisme haineux, jetant sa bave sur les temps modernes, n'était-ce pas un regret de n'avoir encore pu salir des hommes généreux d'une administration publique honorée jusqu'ici, de n'avoir pu les transformer en sbires du genre des préfets crocheteurs? Les soumettre à cela et les y entraîner de force, ces administrateurs, quel immonde désir de Jacobins! Et ce désir est assouvi!

Voilà un coup de Loge, vigoureusement oblique et Juif. Il en dit long et il suffit. Et cela s'est passé sur le sol français! L'Israélite peut se frotter les mains. Dans ce vieux pays de foi et d'honneur, c'est lui qui commande, et il est obéi.

Quel sera le châtiment futur, pour ces insulteurs de ce qui a fait ici, depuis des siècles, et de ce qui y fait encore le fondement même des lois? Quant aux victimes de ces choses sans nom, leur droit et leur devoir sont tracés : c'est la résistance passive à cette iniquité dégradante, et c'est, en même temps, l'appel à la justice du pays.

Dans cette énormité, devant ce *résultat* maçonnique, il y a de quoi effrayer n'importe qui, — autre qu'un franc-maçon jacobin. Il y aurait là pour décourager les nobles cœurs et les faire désespérer de l'avenir d'un peuple, s'ils ne savaient point que ces hontes d'une civilisation loin de Dieu peuvent disparaître sous un divin souffle, comme les miasmes impurs et les froides ombres sont emportés soudain, laissant apparaître un ciel plus splendide qu'avant ces ombres, de plus doux, de plus radieux horizons.

Il y aurait aussi de quoi faire fuir d'une si étouffante « république », — ouverte à tous, disent ces faquins, et, en réalité, *ouverte* exclusivement à tous les éléments corrupteurs, — il y aurait de quoi voir s'en aller loin d'un sol maudit cette phalange, élite s'il en fut des âmes généreuses, dont l'existence ici-bas est dans ces trois mots : Charité, Prière, Abnégation ; ces vaillants Ordres monastiques, salués de nos jours par le schisme, par l'hérésie même, et bafoués par les seuls bandits; ces Associations incomparables qui sont certes au nombre des plus pures gloires du passé, et qui comptent parmi les énergiques préparateurs du juste, du sublime avenir. Tous, depuis les vaillants disciples de cet aigle du Savoir, saint Augustin, jusqu'à ceux de l'admirable et suave de La Salle, ce bienfaiteur si dévoué aux masses populaires ; tous, même ces filles héroïques de saint Benoît, de saint Dominique, de sainte Claire, de sainte Thérèse, de François de Sales et de Vincent de Paul, qui partout font l'admiration du monde, auraient certes quelque raison, et quelque forte raison même, de secouer la poussière de leurs pieds, en quittant avec larmes cette antique terre de France, devenue, par les juifs et les francs-maçons vainqueurs, le pays de l'impiété la plus âprement inhospitalière, le pays du vertige athée !

Si cela arrivait, — et, nous l'espérons, cela ne viendra pas, — ce serait un nouveau « succès », des plus hideux, de l'Ère Maçonnique qui sévit. Ce serait la nuit, la nuit de mort pour des milliers de cœurs livrés de plus en plus sans merci à ces affreux débaucheurs des peuples. Ce serait un arrêt immédiat de l'irradiation dans le monde de l'âme de la France, de sa pensée magnifiquement rénovatrice, qui n'a rien de commun avec des bassesses de petits despotes, avec des instincts de sectaires devenant les pires des malfaiteurs !

Les moins clairvoyants, les naïfs, — si nombreux parmi les *honnêtes gens,* — peuvent voir, à ces sombres reflets, ce que, déjà depuis plus de vingt ans, nous signalons, avec quelques autres, à ceux qui peuvent voir, quel vaste complot est tramé dans le monde moderne. Tantôt sur un point, tantôt sur un autre, mais toujours sur ce qui touche de plus près à l'élément divin, il fait son apparition méthodique, calculée, réglée, telle que la croit *possible, opportune,* la froide perversion de la horde juive, telle que l'exécute le Maçonnisme impie et félon.

L'important, pour eux, c'est d'*agir,* c'est-à-dire de *pervertir,* de *déchristianiser,* et, en poursuivant cette action satanique, de ne pas effaroucher un peuple pris en partie déjà dans les filets de la Conjuration. Et cette tactique d'enfer est assurément manifestée, prouvée avec surabondance par tous leurs récents attentats.

Jusqu'à nos jours *éclairés* des plus maçonniques lueurs, la tyrannie du Pouvoir allait, le plus souvent, droit à son fait. Elle avait ainsi *la confiscation* pure et simple, pour des appétits de despotisme comme ceux que le jacobin Brisson vient de surexciter, pour des méfaits exorbitants à ce point.

La confiscation? Mais, dans ce cas-ci, pour quel motif, que les plus dévergondés eux-mêmes puissent alléguer? Et d'ailleurs aujourd'hui le mot et la chose, tout cela sonne mal. En franc-maçonnerie judaïque, on n'est pas tenu le moins du monde de respecter la justice, même au nom de l'égalité. Mais toutes les iniquités noires, ou petites ou grandes, doivent, — si l'on peut, — respecter les dehors. Si le *mot* révolte, s'il est brutal, le Maçonnisme étouffe le mot; et, pour la *chose* devenue odieuse, lorsqu'il la commet, il la masque, ou bien il la tait.

Ici donc, si le jacobin Brisson et la tourbe maçonnique réclament la chose, s'ils la veulent prompte, décisive, ils se gardent de prononcer le mot. C'est que les « libéraux » *vrais* ne sont point fourbes!

Ah! ces féroces « libéraux », et la Juiverie leur donnant le mot d'ordre, et le Maçonnisme les menant à l'action, ils ont prodigué depuis deux siècles, — leurs devanciers ou eux, — ils ont apporté dans le combat, en faisant jouer la sape et la mine contre leurs adversaires, ils ont fait résonner contre eux, en feu roulant, ces mots terribles de calomnie ronflante : Jésuitisme! Escobarderie!

Eux! n'ont-ils pas l'hypocrisie en horreur?

Ils ont bien mis, dans deux de leurs « lois » et dans des milliers d'applications violentes, d'intrusions tyranniques de ce que ces lois ont à cœur; dans des centaines d'effractions de seuils privés ou de domaines publics; dans des milliers de violations de droits municipaux ou de droits de conscience, pour qu'à travers ces seuils, ces sanctuaires violés, préfets et gendarmes fissent *passer* leurs « lois », — ils ont bien mis là, dans des « lois » ou dans des actes sauvages, ces mots bénins, inoffensifs : Instruction *laïque, — Neutralité,* — et cela, pour dire, en le taisant : *Instruction athée;* cela, pour faire apostasier un peuple, en y pervertissant et l'enfance et la jeunesse, en les jetant légalement, et vigoureusement aussi, dans la voie qui fait les empoisonneurs, les incendiaires, les voleurs, les suicidés, les assassins. Ils ont édicté ce mensonge démoralisateur; ils l'ont osé, dans un siècle aux retentissants échos.

Mais est-ce là de la fourberie?

Ils ont bien, après réflexion profonde, volé hardiment à l'Église leur mot souverain, leur mot déchristianisateur : *laïcité,* ce mot dont le sens, jusqu'à eux, a été *exclusivement* de l'ordre catholique. Et cela, ils l'ont fait pour donner un perfide trompe-l'œil aux masses populaires, à la bourgeoisie même, et pour mieux leur faire avaler le poison.

Mais est-ce tant soit peu de la fourberie?

Ils ont bien mis, dans une autre loi de secte, en édictant, pour cette fantaisie d'enragés « libres penseurs », une loi qui désorganise en partie nos véritables forces militaires, ils ont bien dit là que, s'ils jettent à la caserne des ministres ou des élèves du sanctuaire, malgré les lois de l'Église et contre elle, c'est simplement *au nom de l'égalité*.

Mais ce mensonge, passant dans une des hautes-œuvres maçonniques, est-ce donc de la fourberie ?

Ils ont bien opéré violemment, avec la complicité du Pouvoir, leur ignoble *laïcisation des hôpitaux;* et cela, contre l'avis des sommités du Savoir médical, malgré le jugement plus que sévère d'un grand nombre de docteurs éminents [1], appelant cette dérision du vrai « une folie, un crime ». Et, cette infamie, ils l'ont commise en faisant aboutir à quoi une nation ? A des dépenses hospitalières huit ou dix fois plus grandes, et, comme compensation maçonnique à ce gaspillage, à des services d'hôpital certes vingt fois moins bons qu'ils n'étaient. Seulement, avec cette nouvelle ignominie, ils ont assouvi, sur la santé du corps et sur les âmes d'infirmes, de mourants, leur fanatisme antichrétien.

Mais ce fanatisme délirant ne les a point empêchés d'affirmer bien haut, dans leur sincérité d'âpres sectaires, que ces mesures désastreuses pour les souffrants, odieuses pour les malheureux, criminelles pour l'ordre public, ils les ont prises et ils veulent les maintenir en vue d'un service hospitalier plus conforme à « la civilisation ».

Et ce flagrant mensonge, est-ce là de la fourberie ?

Ils ont bien écrit, dans deux autres de leurs « lois » de haine visant uniquement la spoliation des Communautés catholiques : *droit d'accroissement,* simple affaire d'ordre fiscal ; et, avec ce « droit », ils ont bien comploté, avant tout, la ruine de ces Congrégations. Mais cela, sont-ils donc tenus de le dire à un peuple ? Et taire leur dessein enfiellé, est-ce là de la fourberie ?

---

1. Notes, 4.

Non, assurément, ce n'est pas là une fourberie « comme une autre » : c'est une effrayante ignominie. Et combien encore nous en passons ! La série des *probités* de ce genre du despotisme maçonnique est chose inépuisable, et nous pouvons nous en tenir là.

Voilà l'*intégrité* des ravageurs d'une politique sectaire. Voilà leur gloire à eux. Mensonge enlaçant, pressurant un peuple ! Mensonge spoliateur du devoir, persécuteur de la vertu et du sublime dévouement ! Aussi loin qu'ira leur nom et leur mémoire, ce stigmate restera indélébile, sur ces ricaneurs d'Escobar !

Ah ! devant ces honteux outrages à l'équité, aux droits les plus saints, elle se lève pour les flétrir, la phalange des nobles âmes de notre temps, de tout pays, où l'on voit briller ces noms chers à la liberté, au juste honneur : Lamartine, Botzaris, Buchez, Tommaseo, Rosmini, Ventura, Lacordaire, La Morvonnais, Krasinski, Cantù, Ferrucci, Feugueray, Casimir Wolowski, Léonard Chodzko, Ott, Zamoyski, Eugène Cavaignac, Bedeau, Lamoricière, Chanzy, Ozanam, Tocqueville, Laverdant, G. Ulloa, Garcia Moreno, A. Florès, Olmedo, Cordero, Herrera, Raphaël Nunez, Wuilleret, Gibbons, Mermillod, Lavigerie, Rotelli, Ordonez, Andrade, Isoard, Matovelle, Polit, L. Fréchette, E. Castelar, Léon Méra, — ces cœurs, entre tant d'autres, qui représentent la pensée généreuse, la pensée, — indépendante des partis, des bassesses, des factions, — de la République moderne.

Ces magnanimités laissent loin dans l'ombre les vils comploteurs et leurs méfaits. Leurs méfaits, c'est leur « justice », à eux, c'est leur « loyauté », c'est leur « droiture » Juive et Maçonnique. C'est leur « vraie République » aussi : celle des conjurés du mensonge ; celle des asservis les plus infimes qu'aient jamais eus l'impiété, la déraison et le dieu État !

III

UN VIEUX LEGS DU PASSÉ
CAUSE DE TYRANNIE NOUVELLE

La *légalité* sectaire est écrasante. Mais l'infamie de la *légalité* tyrannique n'est pas un fait nouveau. Notre patriotisme, à cet égard, n'a point à s'abuser : à des faits de ce genre, les précédents ne manquent pas. Avec plus ou moins de noirceur, ces méfaits ont, en France, une filiation déjà longue. Ils ont six siècles derrière eux.

L'ignominie Maçonnique et Jacobine doit être sans doute, avant tout, mise au compte de la haine du Divin, au compte sinistre de l'apostasie. C'est un méfait aussi, et beaucoup même, au compte du culte du dieu État. Ce culte va toujours d'ailleurs avec une révolte plus ou moins dissimulée, plus ou moins latente, contre le monde des plus hautes réalités. Ce culte va ainsi souvent avec l'ambition désordonnée ou simplement le défaut profond d'esprit chrétien, souvent aussi avec l'apostasie commencée ou consommée.

Le despotisme nouveau est *logiquement*, sinon toujours *réellement*, dans le sens de celui qu'ont eu tous les encenseurs du dieu État. La plupart de ceux-ci ont été, il est vrai, moralement bien au-dessus de beaucoup de nos tyranneaux francs-maçons. Mais la tyrannie des sectaires des Loges maçonniques n'en continue pas moins celle des corrupteurs du passé. Les Ferry, les Gent, les Mayer, les Brisson, ces conjurés liberticides, sont parmi les descendants directs des apostats « libéraux » césariens de la première époque révolutionnaire, et de nos despotes des grands jours de l'absolutisme Gallican.

Le premier, parmi nous, de ces hommes politiques néfastes, plus ou moins enivrés par le souffle d'un nouveau paganisme ou par celui, guère moins trompeur, d'un semi-naturalisme triomphant; le plus despote des rois de la monarchie française, Philippe le Bel, cet indigne, ce criminel successeur de Charlemagne et de saint Louis, qu'a-t-il eu, dans sa lutte frénétique contre la Papauté splendide, puis dans le sombre écrasement des Chevaliers du Temple, qu'a-t-il eu, avec P. Flotte et Nogaret, ses auxiliaires infâmes, avec ses sicaires ou ses excitateurs du monde des légistes et de celui de la bourgeoisie, qu'a-t-il eu pour l'animer et pour le soutenir, lui et ses ignobles créatures et ses instruments vils? Il a eu le culte de son orgueil, identifié, ne faisant qu'un avec le culte du dieu État, servi par les procéduriers du Pouvoir, appuyé par le Droit selon l'individualisme et par l'arbitraire césarien.

Et ces rois, et ces juristes astucieux, après ce passé-maître en despotisme, Philippe VI et P. de Cugnières notamment, dans leur lutte contre les droits de l'Église, alors comme aujourd'hui intimement solidaires des droits des peuples? Ils ont eu ce culte éminemment.

Et Charles V, Charles le Sage, — selon la flagornerie Gallicane, toujours adulatrice du Pouvoir; — Charles, protégeant le grand Schisme qui, pour la France et pour l'Europe, allait être une cause si profonde d'abaissement, et qui devait contribuer à éloigner pour des siècles une Ère de Rénovation[1]; Charles qui, pendant que sa froide « sagesse » fomentait ce principe d'erreur, lançait dans le Midi les sbires de sa fiscalité; lui, et ses frères, d'Anjou et de Berry, non moins gouvernementaux à outrance, et, de plus, exacteurs et déprédateurs, avaient certes, — avec leurs qualités ainsi stérilisées à maints égards, — pratiqué constamment le culte du dieu État.

---

1. Notes, 5.

Et Robert de Genève, et Pierre de Lune, et Clémangis, et Bernard d'Armagnac, et Jean Sans Peur, et Isabeau de Bavière; et Charles VII, le *Victorieux*, — toujours selon les absolutistes Gallicans, — lui à qui l'héroïque, la sublime, la sainte Jeanne d'Arc avait bien pu assurer une couronne, mais non le dévouement à la justice et l'élan du cœur; et Louis XI, ce fourbe insigne, populacier tyran et centralisateur, s'il en fut, avec son *compère*, le grand prévôt Tristan, ont eu aussi, à un très haut degré, le culte du dieu État.

Et Georges d'Amboise, François Ier, Calvin, de Bèze, Coligny, Catherine de Médicis, Henri III, débauché, meurtrier, cœur déloyal comme sa mère; Étienne Pasquier, l'écrivain politique, Antoine Arnauld, et bien des Parlementaires d'alors, n'ont eu guère de culte plus profond que celui du dieu État.

Et, après la Ligue, cet effort politique et national vers d'autres destinées, Philippe de Mornay, presque tous les *Politiques* de ce temps et les chefs calvinistes qui les suivaient; H. de Rohan; Richelieu, le créateur en France, *per fas et nefas*, d'un État presque omnipotent; Robert Miron, d'Émery, Antoine Le Maistre, Pierre Séguier, ce lâche étayeur du despotisme, ont, avec des mobiles différents et sous des points de vue divers, eu le culte du dieu État.

Et Mazarin, l'Italien consommé en jongleries louvoyantes du Pouvoir; et Louis XIV, dont le règne a produit, a effrayamment accéléré la décomposition nationale, Louis *le Grand* tenant parfois aussi peu de compte des droits de l'Église que des droits civils et politiques, mais, en revanche, faisant avec les dragonnades du zèle de religiosité dans le pur despotisme; et Colbert, qu'ont porté si haut l'égoïste bourgeoisie Parlementaire et le servilisme d'un long siècle; lui que Mazarin, qui se connaissait en servilité pressurante, léguait comme « son plus digne successeur », et qui, parvenu courtisan, sut alors, comme tant d'autres, ériger sa fortune sur l'adulation et l'iniquité ; lui, préoccupé de « mille choses à faire pour la gloire du roi » et « surtout le plus attentif à prendre les instructions de son maître[1] » ; lui, presque l'ami des Muses, mais des Muses d'État, le protecteur des Lettres, mais des Lettres soudoyées, jetées au moule du semi-naturalisme avant tout encenseur du Pouvoir ; lui qui, dès 1661, contrôleur général des Finances, — quand le jeune Louis venait de proférer le mot « sublime » : « l'État, c'est moi ! », un peu comme s'il eût dit : le dieu, c'est moi ! — en orgueilleux et rude ouvrier de sécularisation tyrannique, travaillait dès lors infatigablement « à arrêter les donations, les ventes, les legs, aux Congrégations » ; lui, ce « grand citoyen » selon les passions de l'ancien régime, et du nouveau aussi, que le peuple, moins aveuglé que les lettrés payés ou que les intrigants, que Mazarin, et que le « Roi-Soleil », sur tant de bienfaits amenant la décadence d'un pays, maudissait jusque dans ses funérailles, et dont il voulait, dans sa colère, mettre le cadavre en lambeaux : tous ces illustres, élevés au pinacle par l'absolutisme Gallican, qu'ont-ils eu, le plus souvent, dans leur vie, sinon le culte du dieu État ?

Et Philippe le Régent, et l'indigne Dubois, et Louis XV, et Phélypeaux de Saint-Florentin ; et Choiseul, ce franc-maçon grand seigneur, obséquieux d'une Pompadour, ce vil exécuteur des premières hautes-œuvres du Maçonnisme, aussi ignobles et plus sinistres que celles des *décrets* d'un Jules Ferry ; et le prussien Voltaire, si bas adulateur du despotisme, avec ses émules ardents dans une œuvre de corruption, de ruine et de mort, dont la Conjuration maçonnique a fait la vaste renommée, le scandaleux succès, Diderot, d'Holbach, d'Alembert, ces apôtres de « la tolérance » dans la plus hon-

1. Ch. Perrault, *les Hommes illustres*. 1700.

teuse hypocrisie, — après leur *moi* dévastateur, leur cupidité et leur haine, qui a eu leur culte? Le dieu État.

Et J.-J. Rousseau, Raynal, Condorcet, de Calonne, Necker, Lameth, Camus, Brissot, Philippe-Égalité, Roland, Grégoire et le clergé constitutionnel, Danton, Collot-d'Herbois, Robespierre, Couthon, Saint-Just, Sieyès, Barras, La Réveillère-Lépeaux, Dupuis, Cambacérès, Bonaparte : tous les courtisans alors ou du Pouvoir ou de l'esprit sectaire ou de l'indigne popularité, tous les tyrans ou les tyranneaux du fétichisme gouvernemental; et Louis XVIII, le roi « philosophe » épicurien, Fouché, Decazes, de Villèle, Talleyrand, Louis-Philippe, Lerminier, Dupin, Saint-Simon, Fourier, Auguste Comte, Pierre Leroux, Cabet, V. Considérant, Michelet, Louis Blanc, Thiers, de Morny, Napoléon III, Persigny, La Valette, Rouland, Napoléon Jérôme, Delescluze, Gambetta, — pour ne nommer que les plus saillants, dans les légions sans nombre; tous les « libéraux » de mensonge, tous les absolutistes d'orgueil, tous les monarchistes d'astuce, tous les « républicains » de démence ou d'infernale ambition, les « républicains » du Jacobinisme vieux ou rajeuni, d'un césarisme *démocratique* « radical » ou « opportuniste », infect et dégradant; tous ceux-là, venus de points divers, évoluant dans les plus divers milieux de l'illusion sectaire, de l'infime « sagesse » ou du délire politique, qu'ont-ils eu, dans cette France dévoyée, dans ce pays fourvoyé, ravagé, par ses désastreux conducteurs, qu'ont-ils eu, sinon le culte du dieu État?

Ah! dans leur patriotisme même, ils ont eu une chose avant tout pour but et pour ambition. Était-ce d'établir l'ordre, la justice et la liberté d'une France chrétienne, dévouée à sa mission sublime d'amener le règne de Dieu sur les cœurs? Cela les eût fait, les ferait sourire. Le but de leur labeur, de leur obstination, de leurs efforts sociaux et politiques, avec plus ou moins d'habileté mondaine, plus ou moins d'injustice, d'égoïsme, d'immoralité dans les moyens qu'ils ont employés, a été fondamentalement ceci :

Constituer, fixer, maintenir, en France, le despotisme centralisateur et oppresseur dans la main de l'État.

Cela a fini, naturellement, par y devenir et y est aujourd'hui : *Le despotisme persécuteur de l'État athée et franc-maçon.*

Et, après les occasions sans nombre du vrai progrès « prudemment » éconduites, après tous les moments perdus; après les belles évolutions, monarchiques ou démocratiques; après les ineptes engouements, les ébullitions de surface, les naïfs ou les madrés espoirs; après les indignes menées et les sottes parades de parti, on en est venu là, à ce qui fait l'ivresse insensée des porte-drapeau d'une « République » hideusement sectaire, d'une « République » d'hypocrites violences, de louche tyrannie; on en est venu à cet apogée des grandeurs d'un pays !

Ainsi, depuis six siècles, la marche du despotisme corrupteur, désorganisateur de ce peuple qui est la France, a été continue, a été logique, a été constante. Elle a abouti au résultat vers lequel elle tendait, d'une manière consciente ou non de son but, selon les hommes et les époques, mais qui était le résultat fatal que devait amener le culte dépravateur du dieu État.

Et ce résultat, aussi misérable que décevant, ne peut surprendre que ceux, — en nombre incalculable, il est vrai, — qui n'ont pas réfléchi sur ce que produit, dans un peuple, ce culte, même latent, à peine avoué par l'orgueil humain.

Pourra-t-on jamais dire ce que ce fait désordonné, la prédominance excessive du Pouvoir civil dans les pensées et dans la vie d'une nation, prédominance allant jusqu'à faire l'objet d'un culte, y verse et y maintient, — dans toutes les fonctions sociales, dans tous les rangs, des plus élevés aux plus obscurs, — de lâchetés, de craintes viles, de folles confiances, de faux espoirs; ce qu'il y entretient de défaillances de caractère, de mépris des initiatives généreuses, de dégoût, d'aversion des vaillants efforts?

Pourra-t-on compter tout ce qu'il met là d'égoïstes calculs, de sourdes menées, d'intrigues sans loyauté, de souplesses sans cœur, de singeries sans âme, de sollicitudes rampantes, d'ambitions sans foi, sans noble amour et sans honneur?

Pourra-t-on même savoir ce que ce culte indigne a produit partout de déviations, d'abaissements, de déperdition de forces individuelles ou collectives, privées ou nationales, de forces de l'ordre matériel ou intellectuel, religieux et moral; ce qu'il a multiplié, à l'infini, de bassesses favorisées, de trahisons du vrai sollicitées, de défections du devoir soudoyées, de déchéances morales préconisées, adulées, encensées?

Pourra-t-on rappeler ce que, dans notre France, surtout depuis six siècles, il a propagé de célébrités impures, de faux éclats maudits, de criminelles renommées, de gloires infamantes, de réputations usurpées, d'entraînements d'efforts, coupables et vains?

Pourra-t-on, sommairement même, indiquer, exprimer les déloyautés, les hontes, les perfidies, semées ou préparées depuis lors, dans cette nation, par ce culte immonde, par cette invention de Satan, qui en a fait l'appui, le châtiment, et en même temps la glorification suprême de cet autre culte démoralisateur, celui de Mammon, celui du dieu Argent, plus accessible encore à toutes les illusions d'un pays?

Certes, c'est ce qu'ici nous stigmatisons, c'est cela, en grande partie, depuis deux siècles, qui a fait que l'esclavage des cœurs, sous le culte du dieu Argent, sévit autant sur la terre de France ou plutôt y fait autrement de victimes, que celui des Noirs sur la terre d'Afrique, et oblige que l'on s'occupe aussi de réduire ce vil esclavage, dont exulte la tyrannie du Maçonnisme Juif, elle qui a si bien su profiter, pour ses fins, du culte dégradant du dieu État!

Ah! comme ils en ont largement bénéficié, les apostats, les vils sectaires, les traîtres à Dieu et au devoir! Comme il les a aidés dans leurs assauts contre les droits de la conscience, dans leurs plus sinistres desseins contre la foi d'un peuple, dans leurs tortuosités ténébreuses, tantôt *scolaires,* tantôt *électorales,* tantôt soi-disant *militaires,* tantôt *administratives* et *fiscales!* Comme il les a servis, comme il les sert, plus que jamais, dans tous leurs attentats contre ce droit primordial qui les fait délirer, et qu'eux, pygmées impies, n'admettent pas : le droit, pour un peuple, de rester chrétien!

Oui, ce culte dépravateur a contribué désastreusement à faire que, parmi nous, l'élément Conservateur fût, non une armée ferme et agissante, redoutée des bandits politiques, mais une proie pour les dévastateurs, une mêlée trouble, presque un troupeau! Et cette mêlée, confuse encore, le fait hideux que nous flétrissons ne l'a pas laissé transformer, jusqu'ici, en milice fervente, sous le grand souffle catholique et dans l'association des efforts à la fois chrétiens et rénovateurs.

Oui, ce culte a puissamment contribué à amener, à cette heure, contre les Congrégations catholiques et contre tout l'ordre divin, cet assaut de fauves à l'œil ardent, blottis dans le maquis, cet assaut de chacals, au guet dans les broussailles du Pouvoir, assaut et contre qui? contre l'amour saint qui se dévoue, devant eux jouisseurs; contre la simplicité qui s'immole, devant eux, égoïsme sordide; contre la foi d'En-Haut, qui éclaire, devant eux, livide impiété!

Car ces Congrégations honnies par eux; ces Associations aimantes, généreuses, austères, contre lesquelles brille leur haineux regard, elles ont été, elles sont cela : Foi, immolation de leur être pour Dieu; charité, dévouement pour tout ce qui est juste, pour tout ce qui souffre, pour tout ce qui est pauvre, gémissant, obscur; abnégation, même pour leur pays, qui les traque aujourd'hui d'une *légalité* sauvage, aussi cruelle et bien plus lâche que la Terreur; dévouement magnanime, même aux vrais intérêts de cette patrie de la terre, qui les pourchasse de maçonniques lois!

Dans ce dévouement, elles sont splendeur. Et le Maçonnisme de haine lance contre *cela* tous les chiens enragés de la meute « laïcisante », de cette meute d'impudeur que l'absolutisme Césarien a, depuis deux siècles, lâchée sur l'Europe, où elle emporte de çà et de là, écumeux, sanglants, des lambeaux d'honneur, de droit, de conscience! Et les Jacobins ont apprêté dans les ténèbres toutes leurs armes de perfidie; et, banditisme de l'improbité politique, ils les font jouer contre *cela!*

Et pourquoi? Parce que *cela* trouble leur pensée sombre, et dit ce qu'ils abhorrent; parce que *cela* invoque Dieu, appelle son triomphe sur les ignominies de la matière, sur les turpitudes de l'orgueil.

Voilà l'ignoble, l'infernale lutte engagée ici contre l'honneur, contre le grand amour, par les ramassis bourbeux des Loges incendiaires, par les abjects du mercantilisme, par les grossiers délires, par les écumantes lubricités! Voilà les trophées enviés par les fils des convoiteurs rapaces de « biens nationaux », des trembleurs impurs du Marais, des aplatis du Centre, des lécheurs de bottes de l'Empire, des repus du Juste-Milieu! Voilà leur coalition grondante contre les sublimes dévouements! Qu'ont fait ces dévouements? — Ils nous gênent! — Et ces droits qui réclament? — Ces droits, nous les étoufferons! — Et ces libertés qui veulent vivre? — Ces libertés, nous les tuerons!

IV

LE MAÇONNISME JUIF ET L'AVENIR

Ainsi, l'acharnement antichrétien du Maçonnisme juif est sans borne. Il étouffe, en ceux qu'il anime, bonne foi, équité, honneur. Il fait, lorsqu'il le peut, de l'égalité une farce sinistre, de la liberté un jeu de tyrans. Le *væ victis* est implacable sur ces lèvres de forcenés. Cette rage, au mensonge sans pudeur, brave même la civilisation, la vaste publicité des deux mondes. Pour elle, la haine est tout, le droit n'est rien. C'est comme une vision d'enfer qui apparaît dans les temps troublés, qui surgit là, vertige sans nom.

Dans cette haine, chez les meneurs *politiques* surtout, s'incarnent toutes les démences d'orgueil, toutes les révoltes contre le Divin. Ce qui hante ces blêmes délires, ce sont toutes les évocations, — pour eux, convulsives, menaçantes, — du Règne de Dieu dans l'humanité, ce règne d'amour contre lequel la Haine écume, et contre lequel elle dit : « Non! »

Elle fait, en nos jours, avec plus d'hypocrisie concentrée, ce que faisait, avec une plus bruyante fureur et sous d'autres noms, le même esprit du mal dans la seconde moitié du XVIe siècle et dans les premières années du XVIIe.

Elle cherche frénétiquement tout ce qu'elle pourra appeler à elle, tout ce qu'elle pourra saisir, tantôt dans les armes de la rébellion, tantôt dans l'arsenal du Pouvoir, tantôt dans la chicane qui mord, tantôt dans l'écrasement qui tue. Et si la destinée, ou bien plutôt la coupable lâcheté d'un peuple lui permet de s'emparer, comme chez nous, de ce moyen terrible :

l'État presque omnipotent, tête d'une nation démesurément centralisée, — la Haine cherche à faire alors ce qu'elle a fait en 93, cela ou les équivalents; elle cherche ce qu'elle pourra innover ou ce qu'elle pourra renouveler des choses atroces d'un passé malfaiteur.

La Haine peut alors, sous une forme ou sous une autre, amener le règne convulsif, et court, des hallucinés de Satan.

Et certes cela montre combien ils y voyaient autrement clair que les potentats, que les fausses célébrités acclamées, les quelques-uns, si peu nombreux dans notre pays, qui, en vue de la justice et des vraies destinées d'un peuple chrétien, protestaient de toutes leurs forces, au XVIIe siècle, contre l'intronisation de l'absolutisme faite par Richelieu et ses satellites dévorants.

Cela dit aussi combien ils y voyaient juste, les quelques-uns, également en si petit nombre, qui, de nos jours, en 1871 et 1872, — après des désastres faits cependant pour éclairer un peuple qui, même alors, n'a point su voir, — réclamaient pour la République, contre les sectaires du présent, contre les Jacobins de l'avenir, tels que ceux qui triomphent aujourd'hui, non seulement la garantie toujours illusoire d'une simple charte « constitutionnelle », mais la garantie *réelle, effective, sévèrement organisée, de toutes les libertés fondamentales,* sous *un Pouvoir central, ramené enfin à son rôle vrai* et *renfermé rigoureusement dans ce qui est,* maintenant surtout, *sa seule mission, son seul devoir,* en l'arrachant ainsi, avec énergie, avec sagesse, à l'une des plus funestes traditions qu'aient léguées les despotismes d'autrefois.

Et puisque nous avons été de ceux-là, — une poignée d'hommes libres dans un peuple; puisque, en préconisant la prédominance du but Catholique et Divin, nous avons alors hautement appelé cette réforme capitale, que nous l'avons demandée instamment dans des conférences publiées depuis, dans *Le Parti National* (de 1872), dans *La Liberté Républicaine* et ailleurs, nous regardons ici comme un devoir, devant les agressions révolutionnaires et l'irréflexion effrayante des « conservateurs » et de leurs chefs, sur un point fondamental qui touche essentiellement au salut du pays, de redire un de nos appels qui, comme plusieurs autres, est resté alors inécouté, complètement perdu :

« Si nous voulons sortir des voies désastreuses suivies trop longtemps; si nous voulons, à cette heure décisive (en 1871), avancer enfin vers la République d'équité, nous devons en finir avec *le gouvernementalisme,* c'est-à-dire avec l'ingérence *abusive* de l'État et le nombre *exagéré* de ses attributions. Nous devons profiter de ce moment favorable pour réduire l'État à ses fonctions vraies. Tout nous en fait aujourd'hui un devoir : la justice, que l'on ne méconnaît pas en vain; notre situation financière, que l'on ne peut que de cette manière alléger suffisamment; et enfin la nécessité urgente de nous arrêter dans la voie des bouleversements sociaux...

« Pour l'État, cette puissance de tout régir et de tout façonner à son gré; ce droit de tenir le moule où l'on pourra jeter, presque à sa guise, l'esprit, le cœur, les croyances, les intérêts d'un peuple; cette possibilité de donner carrière à la courtisanerie adulatrice et aux dévorants parasitismes; cette facilité de se faire des créatures avec les instruments du Pouvoir; ces ressources indéfinies, ces *inépuisables moyens de l'État gouvernementaliste,* voilà ce qui tente plus que tout les avides ambitions, et ce qui tiendrait, autour de l'État, la menace des guet-apens malfaiteurs... Oui, voilà le danger du Pouvoir et l'écueil de la liberté!...

« Et ce que l'on eût dû faire il y a bientôt un quart de siècle (en 1848), ce qui nous eût préservés de tant de chutes, de tant de déshonneur, nous différerions encore de l'établir! Nous éconduirions encore ces vérités et ce devoir, sous prétexte que cela affaiblirait le Pouvoir public, quand c'est *son exagération* qui a toujours fait sa faiblesse, et quand c'est *sa normalité* qui le rendra puissant pour le bien. Ah! prenons garde! Éconduire, à cette heure, la vérité et la justice, c'est rejeter ni plus ni moins le salut de notre patrie [1]! »

Voilà encore notre lot destructeur : l'État effrayamment centralisé! Voilà, grâce au culte du dieu État, la moitié d'un pays, et bientôt la moitié d'une civilisation, transformées en ruineuse, stérile et tracassière bureaucratie. Et voyez, en même temps, engrenés à ce rouage maître, souverain directeur du *mouvement* et de la vie d'un peuple, voyez ces autres rouages principaux et des milliers d'autres secondaires qui, dans un pays « libre », dans « une République », fonctionnent tous dans le même but : au profit du culte du dieu État et de ses cupides encenseurs!

Voilà ainsi, — un fait entre mille, — une organisation de Sénat, bravant dans son habileté *doctrinaire* l'ordre, l'équité, le bon sens : un Sénat nommé, en majorité, par des délégués de municipalités et des membres d'une autre *chambre politique!* des délégués de *municipalités* sur lesquelles souffle si fréquemment l'esprit d'erreur ou l'ignorance grossière, en choses d'*intérêt national* surtout! de *municipalités,* sur lesquelles l'État omnipotent pèse de tout son poids, par ses préfets, par tout son ensemble politique et administratif!

Nous avons vainement montré, par le livre et par le journal, que, « si un Sénat doit exister à côté d'une autre Assemblée représentant *les individualités,* il doit, lui, à moins de n'être qu'une superfétation malfaisante, « représenter *les col-* « *lectivités,* les diverses associations d'idées et d'intérêts con- « stituées dans la nation »; il doit « *être l'organe gouverne-* « *mental des intérêts sociaux collectifs* »; il doit ainsi « être

1. *La République, l'Œuvre Constituante.* — Paris, 1871.

« particulièrement une Assemblée de conservation rénova-
« trice [1] ».

A tout cela, on a préféré l'artificiel. A tous les groupes d'*intérêts collectifs*, si divers, si nombreux, si légitimes dans un peuple, et *méritant tous d'y avoir leur représentation légale*, la science politique des partis a préféré... les municipalités! c'est-à-dire toujours l'artificiel. Mais l'*artificiel*, pris au lieu du *normal*, peut se transformer bien vite : il devient le *tyrannique*, en un instant. Tous ces mécanismes habiles, choisis uniquement dans le domaine de l'*expédient*, ces mécanismes aussi « savants » que malheureux, le Maçonnisme ravageur, — comme il était aisé de le prévoir, — a su facilement et *légalement* s'en emparer, pour en guider le jeu et en montrer tous les bienfaits!

Qu'on se le demande, à cette heure : Qu'a-t-on gagné, sous tous les rapports, et notamment sous ceux de la justice politique, de la liberté et de l'ordre fiscal, — qu'a-t-on gagné, en rejetant alors cette réforme première dans les attributions de l'État, réforme qui en amenait tant d'autres non moins prudentes, non moins nécessaires? Quel est le profit que la France a tiré d'avoir vu repousser ce moyen du véritable progrès et de la stabilité sociale? Mais nos libéraux doctrinaires pouvaient-ils donc, en politique, faire autre chose que se garder soigneusement de toute réforme grande et vraie? Et n'est-ce pas le moment de se dire que, depuis bien longtemps, dans cette France, les catholiques, les conservateurs, ont mis à peu près toujours leur sort en singulières mains? Ces mains ont été impuissantes pour l'œuvre du salut social. Pourquoi donc? Parce que ces conducteurs, hommes de partis, que l'intrigue ou l'engouement vain ont plus que tout fait choisir, n'ont pas vu, n'ont pas voulu comprendre que le salut social n'était

1. *La République, l'Œuvre Constituante*. — Paris, 1871.

point dans les « habiletés » louvoyantes ou inclairvoyantes, mais que désormais, pour la France surtout, il n'était autre que la forte et chrétienne RÉNOVATION[1].

Cette Rénovation, n'en doutons point, viendra avant peu pour ce pays, si ce pays veut vivre.

Elle enverra les adorateurs du dieu État le prier, s'ils le veulent, dans le secret, dans le mystère de leurs perversions; et elle refoulera les Jacobins dans leur seul domaine, les ténèbres perdues, dont, sous l'égoïsme « conservateur » et les vaines manœuvres « conservatrices », deux puissances les ont fait sortir : le Maçonnisme Judaïque et le culte du dieu État, cet héritage de tyrannie que les uns et les autres de ces conspirateurs du mal ont recueilli des hontes et des aberrations du passé.

Mais, pour amener cette Rénovation, la République, en notre temps, peut et doit servir plus que nulle autre forme du Pouvoir. Pourquoi? Parce qu'elle est, de nos jours, le gouvernement seul conforme aux aspirations invincibles, aux tendances inéluctables de l'opinion, et parce que, aussi bien, *comprise et réalisée dans le vrai,* dans l'impartiale et ferme justice, en dehors d'un « libéralisme » trompeur et dissolvant, elle peut seule, comme régime politique, donner satisfaction aux justes intérêts des peuples modernes.

Pourquoi enfin? Parce qu'à tous les pusillanimes, à tous ces soldats hésitants, à ces chefs de parti qui vont dans la mêlée de notre époque sans voir nettement le but à atteindre, à tous ceux-là on peut justement dire : « Ne voyez-vous pas que, par un dessein comme providentiel sur notre temps, les agitations et même les criminelles erreurs de cette période républicaine servent mille fois plus la Cause de l'Église, la

1. Notes, 6.

Cause du Vrai, la Cause de Dieu, que les stagnations monarchiques ne l'ont jamais fait dans l'Occident? »

Ces illusions, ces insanités, travaillent activement, à leur manière, à l'insu de leurs coupables auteurs, malgré eux et contre eux. Elles concourent à amener, pour ces auxiliaires d'un plan infernal, les désappointements cruels, le mépris des peuples, l'ignominie.

Ils ont beau avancer, sournoisement et presque sûrement, dans la série de leurs méfaits contre le Droit national et contre le Droit chrétien d'un peuple, méfaits ténébreusement perpétrés avec quelques faibles éclats aussitôt étouffés sous des mots d'ordre impérieux. Ils ont beau user de procédés de guerre les plus fourbes et les mieux inventés, et là, devant ceux qu'ils ont outragés, devant ceux dont ils ont foulé les droits religieux et civiques, qu'ils ont spoliés et qu'ils comptent écraser demain, crier à ceux qui dirigent l'opinion, aux chefs de la hiérarchie eux-mêmes, à toutes leurs prochaines victimes : « La modération! la paix! la paix! pas de représailles! pas d'esprit de combat! » Ils ont beau rencontrer, — comme diversion, comme petit bonheur venant à point, — l'esprit de parti engageant à faux les ressources morales de l'élément le meilleur d'une nation, l'esprit d'intrigue ou les méprises « conservatrices » venant sans cesse déplacer le terrain de la lutte, et, d'une question bien avant tout religieuse et sociale, s'obstinant à faire, dans la sottise « intelligente », une question *de forme de gouvernement.*

Ils ont eu beau ici avoir presque pu briser en détail, écraser un à un, les éléments sociaux qui dans un peuple n'étaient pas pour eux, ces éléments disséminés, sans organisation pour le combat, sans cohésion puissante, à peu près sans le lien du grand amour et de la vraie fraternité.

Oui, ils ont eu beau avoir trouvé, du côté de leurs adversaires, tant de moyens d'attaque à leur profit, que la lutte contre ces déloyaux envahisseurs, contre le banditisme maçonnique, la vraie lutte qui doit les jeter bas, est encore à peine commencée. N'importe! tous ces fanatiques sectaires préparent eux-mêmes, dans leur triomphe, ce qui fera la honteuse défaite de la politique du mal. Par toutes leurs œuvres d'infamie, ils amènent une vengeresse et juste Rénovation!

Ils l'amènent par cette dernière iniquité, par cette « loi » hideuse au-dessus de toute expression, et dont ils ne se dessaisiront pas, mais qu'ils prétendent bien maintenir [1], malgré quelques *procédés endormants* pour l'optimiste bénévolence, malgré quelques *demi-concessions,* plus apparentes que réelles, malgré quelques *adoucissements,* peut-être momentanément donnés, — comme ils entendent certes bien conserver aussi leurs lois « scolaires », ces « épées de Damoclès » de l'athéisme suspendues par eux sur la tête d'un peuple.

Car, pour ces forcenés, pour ces haineux, pour tous les Ferry et tous les Brisson, ce sont *les grandes conquêtes du Pouvoir et de l'État moderne,* conquêtes qu'ils ont le devoir de garder comme la prunelle de l'œil. Et, pour ces renégats, « la République » n'est rien si elle n'est pas, contre l'*Église,* « *l'éducatrice* », c'est-à-dire *la dépravatrice* des âmes, par les tyranniques *laïcisations* [2]!

---

1. Les Frères enseignants ont, en maints endroits, déjà reçu sommation de payer 3, 4 à 5,000 francs de droits d'accroissement. Des Religieuses ont vu saisir leur petit mobilier scolaire, — pour « droits » résultant du décès de quelques-unes de leurs Sœurs, mortes ailleurs! La fiscalité, aux ordres de ce despotisme impie, est allée jusqu'à faire *saisir* des animaux de basse-cour, des *vaches laitières*, dans tel orphelinat, dans telle maison de refuge d'incurables et de vieillards!

Au point de vue administratif, le comble de cette infamie maçonnique, c'est qu'ainsi les congrégations *autorisées* par l'État sont plus frappées par lui que celles qu'il ne *reconnaît* point! Celles-là peuvent s'applaudir de la *faveur* du dieu État!

2. Dans la *seule* dernière année, du 1er novembre 1889 au 31 octobre 1890, 335 Écoles communales ont été arrachées à des Maîtres catholiques : 335 *laïcisations* imposées effrontément par le despotisme Maçonnique; et, sur ce nombre, 294 opérées contre la volonté formelle des communes! Cela en dit assez.

Oui, voilà leur pensée, voilà leur but. Mais leurs énormités deviennent le vrai stimulant pour faire reconquérir une à une les positions qu'a depuis longtemps perdues le Droit chrétien, et pour refouler peu à peu cette Invasion Maçonnique qui, subrepticement ou violemment, par les procédés Judaïques ou les moyens audacieux et *légalement* révolutionnaires, a mis partout sa monstrueuse main.

L'École, le Pouvoir, l'Administration, pour la plupart des fonctions sociales, l'hégémonie dans la Politique, dans l'Art moderne, dans le Journalisme[1], dans tout le développement Économique, — agricole, commercial, financier, industriel, — tout cela doit être repris vaillamment sur cette nouvelle demi-barbarie. Et, de même que les biens matériels n'ont souvent de prix que pour ceux qui les ont conquis par leur labeur, de même la justice impartiale et souveraine, la foi, la vraie liberté, l'honneur, tous ces biens supérieurs pour un peuple, hors desquels il est indigne de vivre, seront alors, au plus haut degré, chers à ce pays, lorsqu'il les aura recouvrés, comme il tend à le faire, et sur le Judaïsme infect, cet ennemi *irréconciliable,* tortueusement entré ici dans la place, et sur le Maçonnisme, traître à tous les grands souvenirs comme à tous les sublimes appels devant lesquels le cœur de la France doit vibrer.

Et cette expulsion de l'ennemi, — entendez-le bien, sectaires enivrés du mensonge, — c'est la République qui la fera. C'est elle qui vous chassera du Pouvoir, qui vous en évincera ignominieusement, vous, « républicains » de la haine, tripoteurs de « lois » et de consciences, marchands véreux d'orviétan *laïque,* qui prétendez imposer à un peuple votre marchandise, votre poison, par la main du gendarme

---

1. Le journal *La Croix*, notamment, et ses annexes de province, — comme *l'Ami du Peuple* et *la Liberté de Fribourg*, — voient de plus en plus et montrent déjà, parmi nous, quel est le devoir du journalisme, pour préparer la Rénovation.

et par vos garnisaires éhontés ; vous, tyranneaux plus bassement féroces pour les âmes que ne l'ont été ceux de la Terreur ; vous, bien au-dessous même des musulmans de Stamboul, qui aujourd'hui accueillent, réclament ces admirables fils du glorieux La Salle, du grand Vincent de Paul, ces héroïques Sœurs de Charité que pourchassent vos sbires, que vos décrets mettent hors la Loi, vos sbires, vos décrets à vous, embusqués derrière des infamies de spoliation, de ruine et de mort !

Et vous, hommes[1] d'un courage si hésitant, d'une « Conservation » pantelante, dites-vous enfin que vous devez saisir et non pas *subir* la République ; qu'elle doit être à vous, mais à vous transformés par le souffle du dévouement magnanime, de la hardiesse généreuse et du sublime élan de cœur. Et, avant tout, — et que ceci vous montre le but vers lequel doivent converger les efforts qui ont à chercher le triomphe de la foi, du bon sens, de la droiture, de la probité politique, au lieu de jeter de vains labeurs au vent des folles espérances et des évolutions vers le passé, — dites-vous bien ceci, car vous ne vous l'êtes point dit encore, ou vous l'avez aussitôt oublié, bien qu'on vous l'ait redit souvent[2] :

Le Maçonnisme Juif, la fourberie même, le Maçonnisme Jacobin, l'incarnation du despotisme nouveau, forme à côté de vous, forme au sein des sociétés modernes et de tous les peuples de l'Occident, la Conjuration la plus active, la mieux conduite, la plus étudiée, comme la plus sinistre dans sa noir-

1. A part quelques hommes de foi et d'énergie morale, dont l'action est loin d'avoir été perdue, parmi les chefs ou les simples soldats de ces rangs, on peut trop justement définir le spectacle « Conservateur », tel qu'avec des fortunes différentes et des drapeaux divers il s'est succédé parmi nous, depuis un demi-siècle : La coalition, indécise, hétérogène, victorieuse ou impuissante, des *Libres-viveurs*, contre celle des ambitieux sans foi, des brouillons impies ou aigrefins et des sots « avancés », à la fois *libres-viveurs* et « *libres-penseurs* ».

2. *L'Internationale et la Maçonnerie. La Liberté républicaine*, 1871. — *Les Maudits*, 1881. — *Les Triomphateurs*, 1885. — *La Croisade moderne. Aperçu de l'Ère maçonnique*, etc. Et les remarquables travaux d'Ed. Drumont et de Léo Taxil.

çeur; et elle est en même temps, — soit dans l'opinion, soit au Pouvoir, — contre le droit des peuples qui veulent progresser et vivre, la plus dangereuse, la plus déloyale, LA PLUS ÉHONTÉE DES FACTIONS[1].

Avec la République reconquise sur l'impudeur Maçonnique, la France, — avant même la Rénovation juste, pacifique, grandiose, qui l'appelle en lui montrant son salut et l'apogée de sa grandeur, — la France, républicaine dans l'équité, demandera, nous l'espérons bien, au dieu État et à ses abusés ou serviles encenseurs :

De quel droit votre mainmise sur un peuple, sur ses manifestations légitimes, sur ses vraies libertés? De quel droit ce vieux despotisme, voulant dominer cœurs et intelligences; ce despotisme bassement rajeuni, mis par vous à l'enchère du nombre, obtenant avec vous ses vils triomphes par les plus honteuses intrigues et par le jeu le plus vénal, le plus odieux, le plus impur?

De quel droit votre hypocrisie écrasante, votre outrage sacrilége aux consciences, aux hommes et à Dieu, dans un ENSEIGNEMENT D'ÉTAT, toujours injuste, toujours liberticide, devenu par vous L'INSTRUCTION IMPIE, l'Instruction athée, homicide des cœurs?

De quel droit votre accaparement, — par des moyens indignes, par des jongleries politiques, — des droits primordiaux, supérieurs à ceux du Pouvoir civil, des droits imprescriptibles de la famille, de l'Église, de la raison, de la justice,

1. La Franc-Maçonnerie, en très grande partie l'œuvre satanique de l'hérésiarque Fauste Socin et d'un Rabbin de Florence (1589), s'est surtout implantée d'abord en Allemagne, où, grâce au double élément Luthérien et Juif, elle a paru déjà très fortement organisée, dès les premières années du XVIIIe siècle.

C'est encore à Berlin que siège son Suprême Directoire.

De ses quatre Directions, le siège de la principale, celle d'Europe, est à Naples; celle d'Asie siège à Calcutta; les deux autres, en Amérique, à Washington et à Montevideo.

D'après P. Rosen, grand inspecteur général de la Secte, elle comprend aujourd'hui 25,875,000 fr. maçons et 2,850,000 sœurs maçonnes.

du croyant qui veut être au-dessus de vos infamies sociales, de l'âme qui veut se dévouer et prier?

De quel droit le maintien ou plutôt l'accroissement insulteur, — dans un temps de démocratie, — des vexations mesquines comme des plus hideux attentats de l'absolutisme des derniers siècles, adorant son orgueil dans la tyrannie de ses caprices et de sa fausse domination?

De quel droit ces omnipotences d'État mettant les peuples sous le joug de médiocrités ignominieuses, de vertus, d'honneur au niveau de ceux des derniers baladins, de science, de capacités politiques, à l'égal de celles des commis-voyageurs?

De quel droit ces insanités du Pouvoir qui peuvent livrer une nation au cynisme de haine effrénée ayant levé son masque, appelant « le culte avoué de Satan », du fond de ces Loges écumant de blasphème, et, dans son impiété féroce, osant dire qu' « on n'aura rien fait, tant qu'on n'aura pas jeté le Vatican *en pâture à l'Humanité*[1]? »

De quel droit cette ingérence plus qu'abusive de l'État sur la fortune des citoyens; ces pressurations par l'impôt frappant cinq fois, dix fois et plus la même matière imposable, atteinte par les moyens les plus détournés, les plus divers; et, non seulement ces droits immondes, en fait de mutation successorale, ces droits effrontés, inouïs, dont l'impudeur vient d'épouvanter la France, mais même, — ce qui est pourtant bien autre, — les plus simples *droits de succession* sur des biens que l'impôt va ensuite frapper encore une ou plusieurs fois? De quel droit, par l'État, une tyrannie spoliatrice que paye tout un peuple, pour gorger les renégats, les Juifs, les faquins parvenus, les corrupteurs et les histrions?

De quel droit, vous, libéraux sincères ou menteurs, vous, républicains dignes d'honneur ou d'infamie, riveriez-vous au

---

1. Circulaire du Grand-Orient d'Italie aux Loges qu'il dirige. 1890.

Pouvoir nouveau les armes liberticides forgées par les oppresseurs et les dépravateurs du vieux monde, par les Légistes courtisans, par les étroits Parlementaires, par les absolutistes, par les Césariens? De quel droit surtout, par un Pouvoir prévaricateur, l'asservissement des intelligences, des devoirs religieux et des droits civils, à des pensées sectaires; l'empoisonnement, rapide ou mesuré, de ce qui est l'âme d'un peuple, de ce qui a été toujours, constamment, pour la France, *l'âme* de la patrie?

A tout cela, soyez-en sûrs, sous peu l'avenir répondra; et il répondra contre vous.

Les chétifs « républicains » de la haine, les assouvisseurs de bas instincts, les brigandeaux spoliateurs, rués sur un peuple comme une plaie d'Égypte; les insulteurs de ce qui fait, bien au-dessus de leurs folies, *la vie même d'une nation :* tous ces infatués de négations et tous ces myopes d'orgueil ont mal compris les signes du temps.

Les césariens fourbes, infimes, masqués sous le couvert d'un *libéralisme* de tyrans, lisent mal au cadran des peuples. Ils s'abusent sur l'heure qui vient. Ce sont, dans leurs livrées de mensonge, des sectaires d'anciens régimes, des rageurs, demain impuissants, de despotismes qui s'en vont.

Devant l'histoire, si l'histoire se souvient de leurs bassesses, de leur déloyauté, de leur vertige, ils prennent un chemin tapageur, qui sera, pour eux, bruyant peut-être un jour; mais c'est celui qui mène les noms maudits, les noms exécrés des peuples, les noms impurs au pilori!

NOTES

1. Protestation contre les procédés de nombreux organes du journalisme, cette note à la Presse déclare que « c'est uniquement au point de vue politique que le cardinal Lavigerie a fait son adhésion... Mais, au point de vue religieux, il entend conserver le droit de s'opposer à tous les actes de persécution et de faire appel, dans ce but, à tous les catholiques ralliés à la forme actuelle du gouvernement... »

2. Dans sa lettre au journal *L'Anjou*, Mgr Isoard formule, d'une manière trop fondée, cette observation contre deux des moyens peu loyaux employés par la tactique des partis :

« Ce qui nous a interdit jusqu'ici de combattre *avec toutes nos forces* pour la foi chrétienne, contre l'athéisme et pour la justice, c'est la gêne extrême que nous cause, depuis tant d'années, ce préjugé : être catholique, et être royaliste, et homme d'ancien régime, c'est tout un... Comme aussi, ce qui diminue dans de sérieuses proportions le nombre des défenseurs de la foi et de la justice, c'est le sentiment qu'il n'y a rien à faire ; que tout effort, sous un gouvernement républicain, est inutile, et que tout le bien que nous sommes en droit d'espérer se fera de lui-même, dès le jour où le roi aura pris la place du chef d'une république. »

3. Le « droit d'accroissement » est assimilé par le fisc à l'impôt de mutation par décès régi par la loi du 22 frimaire an VII. S'il n'y a pas de loi contraire, ce droit doit ainsi être perçu dans tous les bureaux d'enregistrement ayant une succursale des Congrégations. De plus, d'après la loi du 27 ventôse an IX, ce droit doit être prélevé sur chaque *fraction* du capital, fût-elle seulement de quelques centimes, comme si cette fraction était de 20 francs, par chaque bureau, et pour chaque décès de membre de congrégation.

C'est tout cela qui fait ici le surplus si exorbitant des résultats fiscaux de ce droit sur ceux de l'impôt ordinaire de mutation par décès.

Devant cette situation inouïe faite aux Congrégations, M. Piou, — réclamant à cela une modification des plus légitimes par une demi-mesure intelligente, telle que seule semblait pouvoir encore la comprendre une majorité dont le « siège était fait », — a, dans un éloquent discours, demandé à la Chambre des Députés que les Congrégations *autorisées,* payant les droits de mainmorte, soient exemptes du droit d'accroissement. Cette demande, qui en appelait à la plus simple probité, n'a trouvé là à son appui que 177 voix contre 358.

Avec le même esprit d'équité, M. Clausel de Coussergues a insisté afin que, pour chaque décès de membre des Congrégations, il soit fait une déclaration dans un seul bureau. Cette proposition si juste n'a obtenu pour elle que 243 voix contre 312.

Parmi les autres membres républicains du Parlement, MM. Bardoux, Jules Simon et Léon Renault ont également protesté, au Sénat, auprès du gouvernement, contre cette iniquité.

Mgr Freppel a aussi défendu avec savoir et sans plus de succès la déclaration dans un seul bureau d'enregistrement, appuyée alors seulement par 117 voix contre 323. Et M. Cunéo d'Ornano a demandé excellemment qu'une Commission soit chargée de proposer telle disposition législative jugée nécessaire pour ramener à la simple égalité fiscale les Congrégations en tant qu'individus et en tant que sociétés.

On ne peut que féliciter vivement ces membres de la Chambre des Députés ou du Sénat de leurs efforts sur un sujet si important pour l'honneur d'une nation.

4. M. le Dr Després, que l'on ne saurait trop louer de son zèle pour le maintien des Sœurs dans les services hospitaliers, a renouvelé, le 18 décembre 1890, sa courageuse protestation contre les *laïcisations* d'hôpitaux, et montré qu'elles sont aussi néfastes qu'impolitiques. Sa réclamation généreuse n'a été accueillie, dans cette Assemblée sectaire, que par 171 voix contre 339.

Les plus éminents docteurs en médecine de la France entière se sont généralement prononcés, comme le Dr Desprès, contre ces mesures où la sottise le dispute à l'iniquité.

5. L'habitude, si funeste dans l'ancien régime, de faire obtenir des dignités ecclésiastiques avant l'âge et d'une manière scandaleuse trop souvent; la pression exercée par l'État sur le Pontificat Romain pour l'élévation à l'Épiscopat ou au Cardinalat d'hommes peu dignes, favoris du Pouvoir; l'obséquiosité de bien des dignitaires ecclésiastiques ou leur condescendance sans caractère envers le Pouvoir royal, ainsi que l'extension du népotisme dans le Pouvoir religieux : tous ces faits, qui ont eu une influence considérable sur le passé politique de cinq siècles de la France et sur ses destinées, ont été surtout des résultats et du séjour de la Papauté à Avignon et du grand Schisme qui en fut la suite; et ces résultats déplorables ont été implantés depuis lors dans l'Église Gallicane, profondément imbues des pratiques désordonnées de cette époque.

Et ce sont ces courtisans avides de richesses et d'honneurs, si serviles envers le dieu État, que l'on a fait prendre longtemps à notre pays pour les vrais soutiens du droit national contre la Papauté, dont ils se riaient, et pour les défenseurs de la liberté !

6. Nous en montrons les principes, les prodromes, les espérances et les éléments constitutifs, dans notre ouvrage — *la Rénovation*.

TABLE

A PARIS

DES PRESSES DE D. JOUAUST

RUE DE LILLE, 7

M DCCC XCI

59

www.ingramcontent.com/pod-product-compliance
Ingram Content Group UK Ltd.
Pitfield, Milton Keynes, MK11 3LW, UK
UKHW012300240726
13966UKWH00004B/1521